Date: __ / __ / 202__

Duration: ___ min

Date: __ / __ / 202__   Duration: ___ min

Date: __ / __ / 202__   Duration: ___ min

Date: __ / __ / 202__   Duration: ___ min

Date: __ / __ / 202__

Date: __ / __ / 202__   Duration: ___ min

Date: __ / __ / 202__   Duration: ___ min

Date: __ / __ / 202__   Duration: ___ min

Date: __ / __ / 202__   Duration: ___ min

Date: __ / __ / 202__   Duration: ___ min

Date: __ / __ / 202__   Duration: ___ min

Date: __ / __ / 202__   Duration: ___ min

Date: __ / __ / 202__   Duration: ___ min

Date: __ / __ / 202__   Duration: ___ min

Date: __ / __ / 202__

Date: __ / __ / 202__   Duration: ___ min

Date: __ / __ / 202__   Duration: ___ min

Date: __ / __ / 202__   Duration: ___ min

Date: __ / __ / 202__   Duration: ___ min

Date: __ / __ / 202__

Duration: ___ min

Date: __ / __ / 202__

Date: __ / __ / 202__   Duration: ___ min

Date: __ / __ / 202__   Duration: ___ min

Date: __ / __ / 202__   Duration: ___ min

Date: __ / __ / 202__   Duration: ___ min

Date: __ / __ / 202__   Duration: ___ min

Date: __ / __ / 202__   Duration: ___ min

Date: __ / __ / 202__

Duration: ___ min